お念仏が「愛しているよ」と聞こえる

一縁会テレフォン法話集

一縁会 編

自照社

一縁会テレフォン法話集

お念仏が「愛しているよ」と聞こえる

目次

一縁会テレフォン法話集

お念仏が「愛しているよ」と聞こえる

百歳を超えても「たれか百年の…」

未《いま》だ万歳《まんざい》の人身《にんじん》を受けたりという事を聞かず。一生過ぎ易し。
今に至りて、誰《たれ》か百年の形体《ぎょうたい》を保つべきや。
我や先、人や先、今日とも知らず、明日とも知らず、おくれ先だつ人は、
本《もと》の雫《しずく》・末《すえ》の露《つゆ》よりも繁《しげ》しといえり。
されば、朝《あした》には紅顔《こうがん》ありて、夕《ゆうべ》には白骨《はっこつ》となれる身なり。

「白骨の御文章《ごぶんしょう》」の一部をいただきました。蓮如上人《れんにょしょうにん》がおっしゃる無常観《むじょうかん》をあらためて感じさせていただく次第です。現代語に訳すと次の通りです。

いまだ千年万年生きている人を聞いたことがない。一生はあっという間に過ぎ去ってしまう。

今日まで誰が百年も生きたという人がいただろうか。

死と聞くと、みんな他人のことだと思って自分のことと思っていませんが、死ぬのは他人事ではありませんよ、私が先ですよ。それは今日かも知れない、明日かも知れない。後から死ぬ人、先立って死ぬ人は、雨の日に木の幹《みき》を流れ落ちる雫や、枝の葉よりしたたり落ちる露よりも激しく人は死んで行く。

つまり、朝、元気に「いってきまーす」と出ていったのに、夕方には変わり果てた姿になって帰ってくるのがわたしたちなのである。

先日、百歳を超えたご門徒の方が往生され、お葬儀を勤めさせていただきました。初七日《しょなぬか》で「白骨の御文章」をいただいた際、「誰か百年の形体を保つべきや」のところで、クスクスと声がします。そりゃそうですよね。百年の形体を保たれたのですから。もちろんこの「百年」とは、「永遠に命があるものではない」という意味で用いられています。百を超えるまでよくぞお元気でいていただいたと思うとともに、とはいえどもやはり必ず死ぬのだというところに無常を感じます。

人間のはかなき事は老少不定《ろうしょうふじょう》のさかいなれば、誰の人も、はやく後生《ごしょう》の一大事を心にかけて、阿弥陀仏を深くたのみまいらせて、念仏申すべきものな

り。

いつかは必ずこの命は終わる。その先には阿弥陀様の救いが待っている。私たちはそれにただただお任せするのみです。南無阿弥陀仏、南無阿弥陀仏。

（中澤見真）

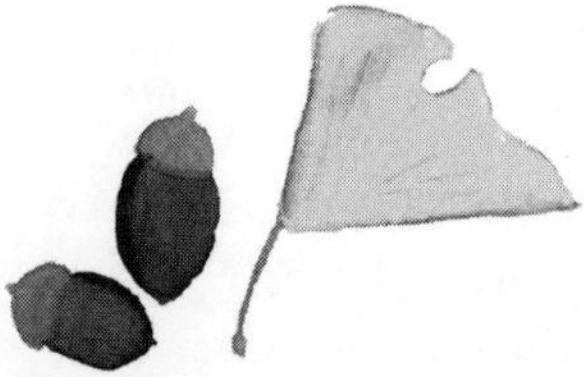

日の出と夜明け

日本人は、初日の出が大好きなようです。皆さんも今年、ご覧になられましたか。

親鸞聖人が、あるとき、日の出と夜明けに関してこんなことを話されたと伝わっています（『口伝鈔《くでんしょう》』第三章）。

「夜が明けて太陽が出るのか、太陽が出て夜が明けるのか、どちらだろう？」。この親鸞聖人の質問に、門弟たちは、当時の一般的な考えに従って「夜が明けて太陽が出ます」と答えました。これに対して聖人は、「そうではない。太陽が出て夜が明けるのだ」と話されたというのです。

親鸞聖人がこんな話をされたのは、煩悩《ぼんのう》に覆《おお》われた暗闇の状態が「夜」に、阿弥陀さまの光明が「太陽」に譬《たと》えられるからです。「夜が明けて太陽が出る」というと、闇が晴れてから阿弥陀さまの光明が差し込む、ということになります。でも、これは違うのですね。阿弥陀さまの光明によって、煩悩の闇が破られるのです。「太陽が出て夜が明ける」のです。

阿弥陀さまの光明によって、私たちの煩悩の闇は破られます。この状態を親鸞聖人は、

無明《むみょう》の闇はれ、生死《しょうじ》のながき夜《よ》すでに暁《あかつき》になりぬ

（『尊号真像銘文《そんごうしんぞうめいもん》』末。註釈版聖典六七二頁）

と表現されました。煩悩の闇は晴れて、暗く長い夜はすでに「暁」になったのだ、と。

注意すべきは、「暁」という言葉は、昔と今では意味が異なる、という点です。今の意味は、明け方、もうすでに少し明るい状態ですね。でも昔は、それは「あけぼの」という言葉で表現していました。『枕草子《まくらのそうし》』の「春はあけぼの」という一節は有名です。

「暁」は、それよりも前、まだ暗い時間をいいます。現在では「未明」という言葉が使われる時間帯です。つまり親鸞聖人は、阿弥陀さまの光明に出あっても、まだ明るくはならないのだよ、と言っておられるのです。私たちは、相変わらず煩悩の闇の中なのですね。

でも、その暗がりは、ずっと暗いままなのではありません。必ず「あけぼの」になり、夜が明けることが約束されています。闇が破られることは、確実に保証されている――「暁」という言葉には、そんな意味合いが込められているのではないでしょうか。

もう、安心なのです。暗がりの道中、阿弥陀さまの光明をたよりにして、そのお導きのもと、安心の歩みを進めてまいりましょう。


（山田雅教）

お経文を味わう

お寺に生まれ育ったからでしょうか、他人《ひと》よりも寒さに強いようです。先日も、お御堂《みどう》の外で仏花の立て替えをしている時に、「寒いのにご苦労様です」とお散歩中の方からお声がけをいただきました。風もなく温かいと思っていたのですが、その方はしっかりと防寒された出《い》で立《た》ちでした。「そうですね」と返しておきましたが、腕まくりをした姿では説得力はなかったかも知れません。

その日はお御堂で、あるお宅のお年忌勤《ねんき》めをさせていただきました。広いお御堂内は寒いだろうと、ひとりに一台以上のストーブを準備して臨《のぞ》みました。お勤めが終わり、ご法話をさせていただいていると、おひと方が鼻をすすっておいでました。暖房が足りなかっただろうか…と思い、終わってから「申し訳ない、寒かったですよね」とお声がけをさせていただきました。するとその方にいきなり謝られてしまいました。「お勤めの邪魔をしてしまって、申し訳ありません。お経《きょう》を聞いていたら、なぜか涙が止まらなくなってしまって…。あの…、嫌《いや》な涙じゃなくて、何かあたたかい気持ちになって…」思ってもみないお言葉をいただいて、一瞬返答に詰まってしまいました。

普段からそこまで思いを込めながらお勤めをしている訳ではありません。時々御文《ごもん》の意味を頭に思い浮かべたりしますが、時間を気にして拝読するスピードを変えたり、お参りの方のヒソヒソ話の声の大きさを気にして自分の声量を調整したり…と、その場を乗り切ることを考えている場合がほとんどで、仏さま方からお伝えしていただいた大切な御文《ごもん》を、ひとつひとつ味わいながらお勤めをさせていただく心構えを失っていることに気付かされました。

「何か、心がスゥーっとしました」そう仰《おっしゃ》ってその方はお御堂を後にされました。その方がどんな思いでお勤めをお聞きいただいていたのかは分かりませんが、その晴れやかなお顔を拝見し、自分の至らなさを反省しつつ、お勤めをできることを嬉しく感じた一日でした。

（潤　信輔）

雑草という草はない

四月から始まった朝ドラ「らんまん」（NHK）は、植物学の父と言われる牧野《まきの》富太郎《とみたろう》博士がモデルですが、ある日の放送で、「雑草という草はない」「みんな根っこでつながり合っているんだ」と主人公が言いました。

その言葉は、昭和天皇が戦後佐賀県に御巡幸《ごじゅんこう》の時、虹《にじ》の松原《まつばら》に続く歩道に草が生《は》えているのを恐縮して、「雑草が生えていて申し訳ありません」と地元の案内人の方が謝罪したら、陛下が「雑草という草はないのだよ」とおっしゃったと言われます。だが、この度、ドラマを機縁に調べ直すと、牧野富太郎博士が御進講の場でお話しされた言葉を陛下が記憶しておられ、佐賀県で咄嗟《とっさ》に発せられたのだ、と理解されます。

私も小学生の頃、父の薬草採取に付き合って田んぼ道を歩いた時に、「人間は雑草だと言うて足で踏みつけにするが、みんなお日さまに照らされて光り輝いている。仏さまは、どんなものもお慈悲の光で照らしてお育ていただいているんだよ」と語った父の話を思い出し、同時に父の恩師・梅原真隆《うめはらしんりゅう》先生（勧学《かんがく》）の歌を思い出しました。それは、

生かされて　生きるいのちの尊さよ
　名もなき草に　光こぼるる

というお歌です。難しい仏教用語は一つもありませんが、仏さまの大慈悲《だいじひ》の心を見事に表すお歌です

ね。

一切衆生《いっさいしゅじょう》は生かされ、つながり合っているいのちです。きれいな花や好きなものは大事にするが、名もなきものは踏みにじって恥ずかしいとも思わない人間の心の闇を知らされます。みんな根っこのところではつながり合っているいのち、共に生かされているのですから共に大切にされなければならない、というのです。

人間のものさしは、好きか嫌いか、損か得か、という自己中心主義。好きか嫌いか、の判断で取捨選択すれば、孤独地獄、最後はブーメランのように自ら苦しむことになる。目先の損得は、長い目で見れば持続可能ではありません。肥大化した欲望文明が、北極の氷を溶かし、山火事が砂漠化を招く。温暖化により、海面上昇すれば、島は水没し、人間の住むところは減っていきますね。「仏のものさし」に心の耳を傾けねばなりません。

（渡邉悌爾）

帰って来てくれて「ありがとう」

昨年、二〇二一年五月十四日、蓮如上人《れんにょしょうにん》御祥月《ごしょうつき》法要のご法話が始まって十分後、ご講師が突然倒れて、救急車で運ばれるということがありました。二時間ほどで意識が戻り、様々な検査の結果は、どこにも異常がないとのことでした。過労やストレスなど何らかの原因で自律神経が制御《せいぎょ》できなくなり、一時的に意識を失い、その後意識が戻った。まるでパソコンがシャットダウンして再起動がかかった、なんかそんな感じのことが起きたのだと先生から説明があったことを覚えています。

翌日は、前日に起きたことが嘘のように思えるほど元気なられました。先生からの普段通りの生活をしてなんの問題もありません、という言葉を改めて納得したことでした。

今年、同じご講師が同じ法要に来てくださいました。去年のことを振り返ってこんなことを話してくださいました。

法要を終えて、念のため通常は車で三時間ほどで帰れるところを、高速道路の全てのパーキングエリアとサービスエリアで休憩を取りながら、五時間以上かけてお寺に帰られたそうです。

迎えてくれたのは、ご両親と子どもたち、六歳の娘さんから「ママ、帰って来てくれてありがとう。ママ帰って来てくれてありがとう」と言葉とともに、ずっと握りしめていた小さな花束が手渡されたそうです。ママが帰ってきたらお花を渡したい、とカンカンの貯金箱から小銭を握りしめてお花屋に向かったそうです。「これで花束をください」と差し出したお金では花束など到底買えない金額だったけど、お花屋さんは事情を察して快く花束を作ってくれたのだそうです。

彼女は「待っていてくれる人がいること。帰って来てくれてありがとうと言ってもらえること」、涙が出るほど嬉しかったと話してくれました。

そして、その時、「私を待っていてくださる人のいる、お浄土があることの尊さ、ありがたさを感じました」と、話してくださいました。

そのお浄土には阿弥陀さまがご一緒に連れて帰ってくださるんですよね。阿弥陀さまは一人で不安な中を休み休み帰って来なさいとは仰《おっしゃ》らないのですね。

「南無阿弥陀仏・なもあみだぶつ」。

（内田正祥）

死は「特別なこと」か

死体はこの国では、もっとも差別された存在である。それを救っていたのは、宗教儀礼である。だから、ホトケなのである。聖と賤とは、まさに裏腹である。だから、時代が変われば、死体ほど差別されるものはない。（略）死者が変に重要視されるのは、それを特殊なものとして、タブーを置くからである。いまや必要なのは、ほかでもない、死体の「人間」宣言である。それを、ふつうの人として、扱ってあげればいいではないか。（略）死者に必要なことは、ふつうの人としての単純な取り扱いである。

養老孟司《ようろうたけし》さんの『日本人の身体観の歴史』(法蔵館)の一節です。

みなさんにとって、「お亡くなりになった身内の死体」は、どのような存在でしょうか。例えば夫の臨終のシーンだとしましょう。愛《いと》おしい夫が臨終を迎えるにあたり、「お父さん、ありがとう」と声をかけたり、手を握ったり……。そののち臨終を迎えた夫は「人間の夫」でしょうか?「夫の死体」でしょうか?

つい先ほどまで「人間」だった夫が、「死体」という「別のモノ」になったとすれば、どのように相対すればいいのか、とまどいを感じられると思います。普段生活する身近に「死体」

はありませんから、亡くなった夫が目の前にいるという状況は非常に異常な空間です。そこに「死体はグロテスクなもの」「忌《い》み嫌うもの」という観念が入ることで、とまどいやよそよそしさが表れ、「触りたくない」「遠ざけたい」「コソッと始末したい」といった行動に表れるのではないでしょうか。

ある遺体安置施設の建設前説明会で、「こういう施設が近所に存在すること自体、気持ち悪い」などという意見が飛び出したそうです。それに対し経営者は、「法的には何の問題もありません。よく考えてください。人はみんな死ぬんですよ。みなさんもこういう施設を必要とする時が来るかもしれない」と答えられたそうです（「死者のホテル」が繁盛する時代／二〇一六年十一月二日／日経ビジネス）。「死」は一生に一度しかない稀《まれ》なことではあるけれども、誰もが避けられるものではありません。「特別なこと」ではないのです。養老さんのおっしゃる「死体の『人間』宣言」とは、「死」を特別扱いするのではなく、私にとって大切であった人間をそのまま変わらず大切に扱うことなのではないかなと思います。

（中澤見真）

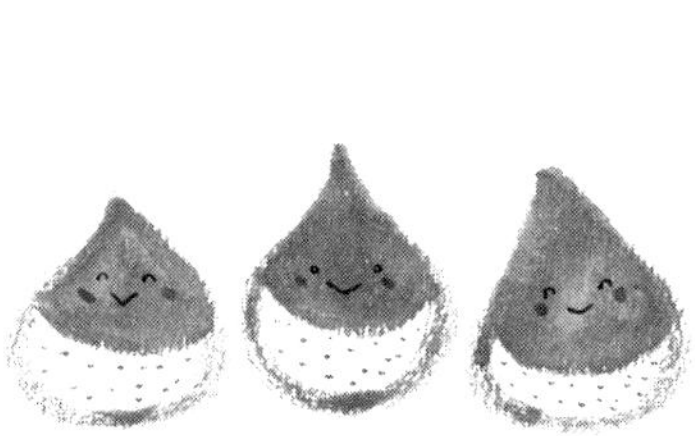

入仏に至るご縁

仏壇仕舞《ぶつだんじま》いという話がありますが、仏壇を迎える家もあります。

とあるお家では、仏壇をおくスペースを用意したそうですが、ずっと買わずにいたそうです。理由を尋ねると、欲しい仏壇とサイズが合わず、その後なあなあになって、今の空きスペースだけ残る状態になったとのことです。

そして、用意しようとしていた方が亡くなり、ようやく仏壇を入れるということになりました。

その元を辿りますと、阿弥陀さまのお力によるものだと思います。亡き人は

阿弥陀さまのお力でお浄土に生まれた後、すぐに仏となり、他の者を導くと説かれます。

今回、亡き方が仏となり、遺族たちを仏壇へと導いたわけです。また、仏壇を用意しようとしていたことは、遺族も知っていたようで、それを見ていたからこそ、その意思を継ぐことにもつながったように思えます。

こうしてみますと、すでにその時から阿弥陀さまのお力が及んでいたのだと思います。その力によって、今回の仏壇を入れるに至ったのだと思います。
一つの仏壇を入れる物語から、阿弥陀さまのお力を感じさせていただいたご縁でありました。どうぞ今回の仏壇を大切に、次の世代に伝えていただければと思います。

（山田教史）

若い“つもり”と出来る“はず”

ある日の朝、いつものように目を覚まし、身を起こそうとすると、激しい頭痛に見舞われました。あまりの痛みに再び横になりましたが、痛みは治まるどころか眩暈《めまい》までしてくる始末で、寝たり起きたりを繰り返していました。

頭痛の本《もと》は肩こりで、三日間ほど事務作業を続けたのが原因のようです。肩はガチガチに固まっていて、揉《も》み解《ほぐ》そうとしても痛いだけで良くなりそうにはありません。家に在ったシップ薬を張りまくって様子を見ていましたが一向に改善せず、その日のお参りはお休みにしていただきました。

それほど無理をした訳でもなく、これまでも経験のある作業でしたので、このような事態に陥《おちい》ったことに首を傾《かし》げること暫《しば》し、〝もう、若くはないのだ〟と結論付けました。

諸先輩方のお耳に入れれば、『その年齢で、何を弱気なことを言っているのだ…』とお叱《しか》りを受けることでしょうが、それまで簡単にできていたことが、時間が掛かるようになったり、身体に影響があったりすると〝老《お》い〟を自覚せずにはいられません。

お参りに出向いた先で、様々な方から「歳《とし》を取った。アカンようになった」

との話を伺《うかが》いました。その度に、「アカンことはないよ。年齢とケンカしたって勝てやんよ。今の自分を素直に受け入れて、できることを一生懸命するしかないよ」との言葉を発してきましたが、回り回って自分に返ってきたようです。

できると思ってしたことが自分の思ったようにならなかった時、〝こんなはずではなかったのに…〟と首を傾げることでしょう。そのようなことが積み重なってくると、否応《いやおう》なく自分の衰《おとろ》えを自覚せざるを得なくなります。経験を重ねたからこそできることもあるのではないか…とは思いますが、自分を信じられなくなるような喪失感を感じる方もみえるでしょう。

「結構ヒドイことを言ってきたかもしれないなぁ…」我がこととして感じることで、自分の言葉の配慮のなさに気付かされました。

ただ、〝若くはない〟と自覚をしても、まだ〝老い〟という言葉を使うのに抵抗を感じるのは、いつまでも若い〝つもり〟でいる私のプライド故《ゆえ》でしょうか…。

（澗　信輔）

親鸞聖人の直筆手紙からうかがえるお人柄

この五月に三重組《みえそ》（組は浄土真宗本願寺派の行政区分の一つ。三重組は東海教区の下部組織）のご門徒の方々と京都の本山へ団体参拝に参らせていただきました。コロナ禍がようやく終わって四年ぶりとなる参拝で、多くの方々がいらっしゃいました。本年は親鸞聖人の降誕《ごうたん》八百五十年、そして浄土真宗の開宗八百年の記念ということで、本山では大法要が開かれました。それと併せて京都国立博物館では「親鸞　生涯と名宝」と題して記念展覧会が開催されました。

三月に日本経済新聞のコラム「春秋」にその展覧会の訪問記が書かれていま

す。記者の方はそこで聖人自筆と伝わる『教行信証《きょうぎょうしんしょう》』の中の経典の注釈に目が釘付けになったといいます。紙の上下余白を埋め尽くすように、びっしりと細《こま》かい字で書き込みがなされている、学究に打ち込む者のただならぬ気迫に圧倒されたと言います。

親鸞聖人は今から八百年の昔の方なので、その生きていた証《あかし》は伝記や、座像、肖像画よりも手紙にあると思います。「書は人を表す」と言いますが、はるかな時を超えてあせない墨跡には、親鸞聖人の確かな息づかいを数百年後の我々にも力強く語りかける迫力があります。

また毎日新聞でも親鸞聖人が晩年に長男善鸞《ぜんらん》を義絶された書状が展示されたことが取り上げられています。これは書写されたものですが、文章から聖人の肉声が伝わってきます。

二十一世紀の我々現代人はメールやSNSを通して日々大量の文字を残しています。最近では「チャットGPT」という人工知能（AI）のソフトが人間が書くものと遜色《そんしょく》のない長文の文章を自動的に作成すると話題になりましたが、それらは生きた人間の温かい息吹《いぶき》まで感じさせるものではないでしょう。

親鸞聖人の書状の展示から聖人の真摯《しんし》な生き方と共に、さまざまな苦悩を乗り越えてお念仏のお救いに導かれたお姿が読み取られ、我々にも訴えかけるものがあることを教えられました。

（渡邉潤爾）

ブスのいない世界

先日、小学生の娘さんのいるお父さんの発言が話題になっているというネットニュースを見ました。同級生の男の子に「ブス」と言われた娘さんに対して、お父さんは「お前はブスじゃない。正しくは相手の趣味に合わなかっただけだ。日本語は正しく使えと言ってやれ」と言ったそうです。すると、娘さんはその男の子に「私はブスじゃない。お前の趣味じゃないだけだろ。お前に好かれなくてラッキー。さんきゅー」って言ったそうです。思わず笑ってしまいました。言葉遣いは少し気になるところですが、逞《たくま》しい娘さんですよね。

お父さんはただ「ブスじゃない」と言うのではなく、「趣味じゃないだけだ。日本語を正しく使え」と論理的に説明しているところは正《まさ》にそうだなぁと読みながら思いました。

そうですよね。このブスというのは相手により、一方的に作り出された言葉なんですよね。そう思うと、「ブス」と人に言わないかもしれないけれど、私もブスを作り出しているのではないかと思いました。一方的に私の趣味で、価値観で、または私の都合で相手を評価し、優劣をつけていく。そんなことを私はこれまで何度もしてきたかもしれないなと。

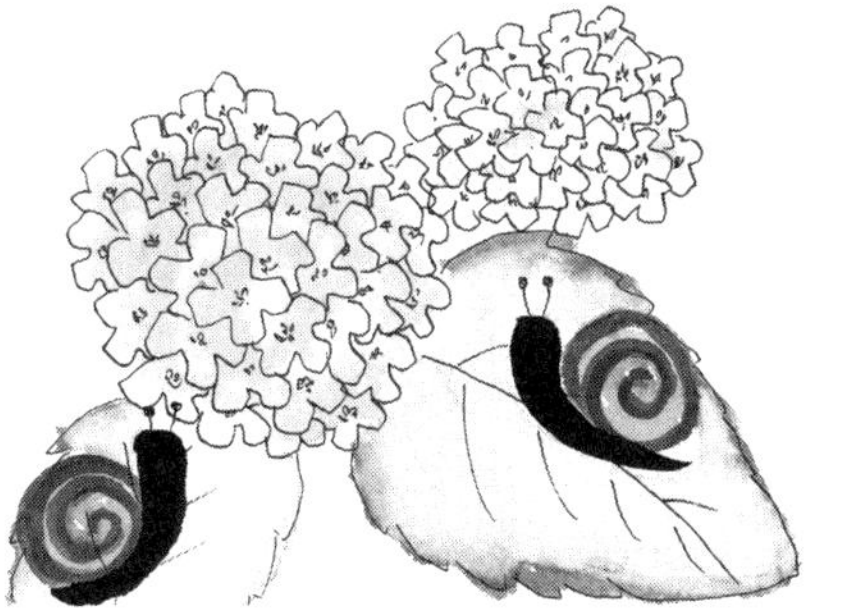

私は多くの場合、私の都合や価値観を通して人やものごとを判断しています。その人やものの、本質

ではなく私の都合で変わっていく判断をしています。それはブスをつくっていることとそんなに変わらないことなのかもしれません。

お浄土では色とりどりの蓮の花がそれぞれの花の色で輝いています。お浄土にはきっとブスという言葉は存在しないんでしょうね。それぞれがそれぞれの色で輝いているお浄土の蓮の花のようないのちを私たちはいただいているのに、勝手にそのいのちを歪《ゆが》めて、自分にとって都合よく見てしまう私。相手に優劣をつけていくのではなく、共に輝くいのちをいただくお仲間として見ていけるようにしていきたいですね。

（内田正海）

法名って何？

みなさんは、「おかみそり」を受け、法名《ほうみょう》をいただいておられますでしょうか。私は得度《とくど》させていただいた際に「釋見真《しゃくけんしん》」と法名をいただきました。「帰《き》敬式《きょうしき》」あるいは「おかみそり」とは、阿弥陀さま・親鸞聖人の御前《おんまえ》で浄土真宗の門徒としての自覚をあらたにし、お念仏申す日暮らしを送ることを誓う儀式です。そしてその際にいただく「法名」は、み教えに導かれて生かさせていただく身となった私たちがいただく名前です。

ところで、法名とよく似た言葉に「戒名《かいみょう》」があります。何が違うのでしょう。

「戒名」の「戒」は「いましめ」という字を書きます。つまり、厳しい戒律《かいりつ》を守り、修行する人びとにつけられる名が「戒名」なのでしょう。さて、私たちはそんなことができますか？

比叡山《ひえいざん》で皆を救いたいと厳しい修行に励むも、煩悩《ぼんのう》を拭《ぬぐ》い去ることができない。親鸞聖人こそ、そのことに気づかれた方です。そのことに気づかれた聖人は、「戒律の一つも守ることのできないこの私たちを必ず救い、浄土へ迎える」という阿弥陀さまのはたらきの中に生きることこそが、ただ一つの救われる道

である、と説かれました。この阿弥陀さまのはたらきを「法」といいます。だから、私たちがいただくのは「戒名」ではなく「法名」というのです。
往生された方がおかみそりを受けていない場合には、葬儀に先立っておこないます。その際に法名をつけますから、法名は亡くなった者の名前と思われがちです。しかし、み教えに遇《あ》わせていただき、生きているのは、まさに「今」です。だから、おかみそりを受け、法名をいただくべきは「今」なのです。生きている今、仏法に遇わせていただくことの証《あかし》として、生きているうちにおかみそり・法名をいただきましょう。

（中澤見真）

魚釣り

先日、ある人に、「僕の趣味は魚釣りで、休みの日に湖へ魚を釣りにいくことが、ストレス解消になるのです。魚は、釣ってから直ぐに逃がしてやるのだけど……。これって、仏教的にどうなのでしょうか？」と質問をされました。

とっさにどう答えたものかと、戸惑《とまど》いながら、「仏教的には、生きとし生けるものを傷める行為は、ダメなのやけどね」と、とりあえず言ったものの、この人の唯一の楽しみで、ストレス解消の唯一の手段とのこと。ダメなものはダメだと切り捨てるのもどうかと思いました。また、かわいそうなことと魚を逃がしたり、悪いことをしているという意識があることを考えると、先ほどの答えだけでは絶対に足りないと思いました。しばらくの間、その答えが出ず悶々《もんもん》としておりました。

ちなみに、私たちは、現在、魚や肉をなんの躊躇《ちゅうちょ》もなく食べ、間接的ではあるかもしれないけれど、生き物を殺しています。生きていくためには仕方がありません。だからこそ、「いただきます」「ご馳走さまでした」と、手を合わせて感謝するのです。でも、生き物を殺すこと、それは間接的であっても、私たちがいつか地獄へ行くという行為にほかならないことなのです。ということは、みん

な確実に地獄行きですね。

しかしながら、それを見かねて救ってくださるのが、阿弥陀さまという仏さまなのです。阿弥陀さまは、私たちが生きていく上で起こってくる、いろいろな欲を見抜いていらっしゃいます。そして、決して欲から離れることのできない、救いようのないこの私を見守り救ってくださるのです。だからと言って、人道に反するような行いをしていいわけはありません。阿弥陀さまが、悲しんで見ておられます。お恥ずかしい限りです。

さて、先ほどの魚釣りのお話に戻りますが、次回、その方にお会いするとき、「魚釣りは仏教的には、手放しでいいことだとは言えないけれど、罪深いことだと理解した上で、させていただくしかないですね。私はこんな、本当に罪深い人間です。なまんだぶ、なまんだぶと、感謝の手を合わせましょう」、このようにお伝えしたいと思います。

（山田容子）

眼鏡を失くす

八月に入って、暑い日が続いています。マスクを着けながらのお勤めも三年目ですが、この夏は特にマスクの中に熱がこもるような気がします。

徐々に気温が上がっていくのではなく急激に猛暑日…という変化に加え、新型コロナウィルスの感染の急拡大もあって、熱中症に気を付けつつもマスクの手放せない日々が続き、毎日マスクを汗まみれにしながらお参りにまわっています。暑過ぎてボーっとしてしまい、気付くとどこまでお勤めをしたのか分からなくなることもしばしば…。その都度、これではいけないと気合を入れ直しています。

それでも気合が入りきらなかったのか、ある日、眼鏡を失くしました。いつもの眼鏡ケースの中は空っぽで、どこかに置き忘れたのかと心当たりの場所を家中探し回りましたが見つかりません。幸い予備の眼鏡を持っていたので事無きを得ましたが、いつもの眼鏡ではないせいか、どこかしっくりこない感じがします。

とある歌詞にもあるように、探すのを止めたらひょっこりと出てくるのではないかと思いしばし静観していますが、失くしたことに思いのほか動揺していることに、自分でも驚いています。

思い返してみると、失くした眼鏡は二十代の頃、京都で求めたモノでした。

その当時ご本山のお勤めを学ぶ学校に通っていて、声の出し方や調子の取り方など様々なことを学んでいました。

ある資格の試験で、ご本山のお朝事《あさじ》に内陣《ないじん》出勤《しゅっきん》して、ご和讃《わさん》の発声をつとめることになり、目が悪くなってきていたのを自覚していた私は、早朝の薄暗いお内陣でお経文《きょうもん》を間違えないか不安になり、慌てて眼科で検査を受け眼鏡量販店に走って購入しました。間に合わせで購入し、ほぼぶっつけ本番のような形で試験に臨みましたが、無事に合格することができました。

それから二十年近く愛用し、蓮如上人《れんにょしょうにん》の五百回遠忌《おんき》など大きな法要を共に経験し、傍《かたわ》らにあると安心できる相棒…といった思いを持った眼鏡でした。

あの頃を振り返ると、高い音を出せなくなってきたり、上手《うま》く舌が回らなかったり…とできないことがだんだんと増えてきました。もしかして、眼鏡を失くしたことよりも、置き場所を思い出せないことの方にショックを受けていたのかも…。

（潤　信輔）

「兵戈無用」の世界を

最近、世界は分断の傾向が増して、ブロック経済化が進んでいます。日本でも格差が拡大し、テロや暴力の恐怖が増しているようです。これは第一次大戦と第二次大戦のはざまのような暗い時代に向かっているのではないか、との懸《け》念《ねん》を覚えます。歴史は繰り返すというけれど、繰り返さないために、我々は仏さまの教えに改めて、心の耳を澄まさねばなりません。

先日、寺の鐘楼《しょうろう》に吊るされてある梵鐘《ぼんしょう》の言葉を門信徒会の場で披露《ひろう》しました。

本堂再建の時の棟上《むねあ》げ札《ふだ》にも同じ、『仏説無量寿経《ぶっせつむりょうじゅきょう》』下巻のお言葉が記されていましたので、それを直接ご覧いただいて、仏さまのお言葉に触れていただいたのです。

「仏さまの歩かれる所」には「天下《てんげ》和《わ》順《じゅん》し、日月清明《にちがつしょうみょう》なり。風雨時を以《もっ》てし、災《さい》れい起らず、国豊かに民安くして兵戈《ひょうが》用いることなし。（人民《にんみん》）徳を崇《あが》め仁《にん》を興し、つとめて礼譲《らいじょう》を修す」というお言葉です。

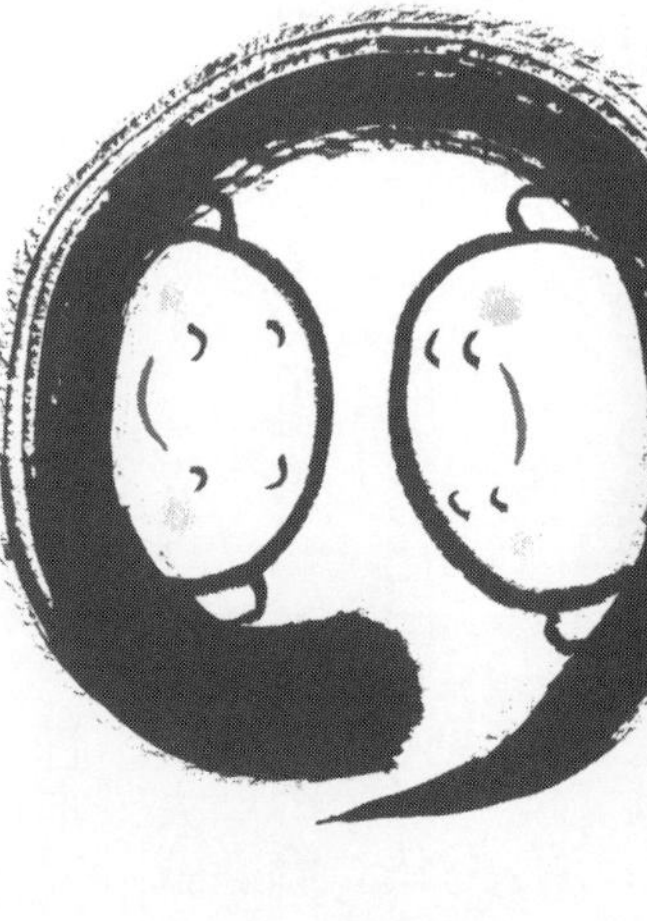

意訳して、「仏さまのお働きにより、世の中は平和になり、環境もよく、国は豊かで武器を用いることもなくなる。人々は徳を崇め、心穏やかに礼儀正し

く生かされている」と説明させていただきました。すると、「お寺の鐘にそんなことが書いてあったのですか？」という驚きの声が上がりました。

「戦争中に昔の梵鐘が供出《きょうしゅつ》されてしまい、戦後まもなく、ご先祖の人たちが協力して、桑名《くわな》の鋳物屋《いものや》さんから大八車《だいはちぐるま》に乗せて運んできた梵鐘だ」と両親から聞いた昔話を披露しました。二度と梵鐘が戦争のために没収されるようなことのないよう、「兵戈無用《ひょうがむよう》」の世の中であってほしいね、と語り合いました。

狭い自己中心の妄想の世界に閉じこもり、マグマが爆発する結果、暴力や争いが起こるのです。仏さまは因縁因果《いんねんいんが》の法を説きたまい、我々のかたくなな執《とら》われの心を解きほぐしてくださいます。柔らかな心と生き方を回復できますよう、仏さまの仰《おお》せに心の耳を開きたいものです。


（渡邉悌爾）

私の聞き方

先日、三重組《みえそ》の十三日講《じゅうさんにちこう》でお話しいただいたご講師がこんな話をしていました。

太郎君は車でお父さんと買い物にデパートへ行きました。その帰り道、トラックと正面衝突してしまい、大けがをしました。そして、救急車で二人とも病院に運ばれました。病院に運ばれ、手術を担当するお医者さんが、太郎君を見て「太郎！　この子は私の息子です」と言いました。この話はおかしな話でしょうか？　ありえない話でしょうか？　と言われました。

皆さんはどう思われますか？　私はありえない話ではないなと思いました。お父さんが二人いればおかしな話ではないなと考えていました。一緒に買い物に行き、事故にあったのは、今一緒に生活しているお父さんで、病院のお医者さんが血縁関係のあるお父さん。お母さんが再婚していたらそういう状況もありえるのではないかと思いました。

それも正解だとは思いますが、お話ししていただいたご講師の答えは違いました。答えは私が考えていたことよりも、もっと単純なことでした。お医者さんがお母さんだった、というのが答えでした。お母さんからしても太郎君は息子ですよね。

このお話の中でお医者さんが男性であるとは何も言ってはいません。しかし、多くの人が医者と聞き、特に手術をするようなお医者さんと想像すると、男性を思い浮かべた方が多いんじゃないでしょうか。性別に関しては何も言っていないのに、勝手に男性だと思い込み話を聞いていくとややこしくなるんですね。

普段から私は言われたこと、見たこと、聞いたことをそのまま理解しているつもりになっています。しかし、どうでしょう。お医者さんと聞き、男性と勝手に変換して、話を聞く私のように様々なことにおいて、実はそのままではなく、無意識の内に私の価値観を通して解釈してしまい、その処理が行われたものをそのままのこととし、理解しているのではないでしょうか。そのまま聞くって実は難しいことなんですね。改めて私のものの聞き方、見方が問われているように考えさせられました。

（内田正海）

私を照らし導いてくださる大いなる光明

私どものお寺の本堂内陣《ないじん》が、この春に大変明るくなりました。あるご門徒さんが、前卓《まえじょく》を二つお洗濯してくださったのです。また、尊前《そんぜん》の灯籠《とうろう》も別のご門徒さんがお洗濯してくださり、親鸞聖人七百五十回大遠忌《だいおんき》法要の際に立派にしていただいたこともあわせ、内陣全体が非常に明るくなりました。

『正像末和讃《しょうぞうまつわさん》』に、

無明《むみょう》長夜《じょうや》の灯炬《とうこ》なり　智眼《ちげん》くらしとかなしむな

とあります。

私たちは普段の生活の中でたくさんの苦しみを感じて生きています。辛《つら》いこと・悲しいこと・腹立たしいこと……。それらはずーっと長く、いつまで苦しまなければならないのか、とさらに苦しく感じることもあるでしょう。煩悩《ぼんのう》に眼《まなこ》を遮《さえぎ》られた私たちを「智眼くらし」と表現され、阿弥陀さまの本願を常に私を照らしてくださる大いなるともしびである「灯炬」にたとえて、その灯炬が、煩悩に眼を遮られた私たちを照らし、浄土往生へと導く「道しるべ」であるとおっしゃるのです。

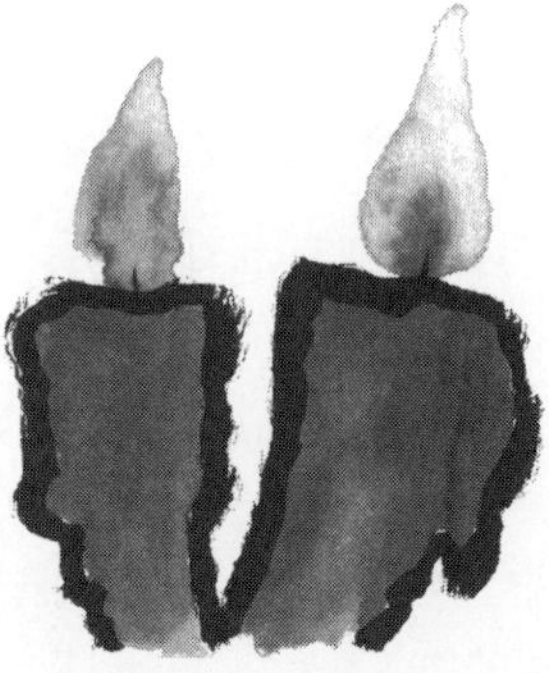

また、善導大師《ぜんどうだいし》は、信心をあらわすために掛け軸に絵を描き、「二河白道《にがびゃくどう》の

たとえ」をされました。怒りや憎しみを象徴する「火の川」とむさぼる心を象徴する「水の川」の間に、ひとすじの光る白い道が見え、後ろからはお釈迦さまの「行け」という声が、道の向こうからは阿弥陀さまの「来い」という声がする。一心に白道を進むと、ついに浄土にたどりついた、というお話です。

阿弥陀さまの本願は、「灯炬」や「白道」にたとえられるように、常に私を照らし導いてくださる大いなる光明です。立派にしていただいた内陣を見渡し、光り輝くお浄土を想像したとき、その光の導きにあらためて感謝の心で南無阿弥陀仏と声に出さずにはいられません。

（中澤見真）

竜の彫刻

皆さんは、お手次《てつぎ》のお寺の本堂にどんな彫刻が施《ほどこ》されているか、ご存知でしようか。

私がお預かりしている西勝寺《さいしょうじ》は、内陣《ないじん》と外陣《げじん》の境、正面の御障子《おしょうじ》の上の欄間《らんま》に、竜が彫刻されています。外陣の後方にも竜の彫り物がありますが、もともとこれは、本堂の外縁《そとえん》に面したところにあったものです。外では傷みが早かろうと、内側に移動させました。

竜は、お寺の彫刻としては割とポピュラーなもののようです。一縁会のお寺

の一つ、暁覚寺《きょうがくじ》さんの本堂には、竜の胴体が柱を越えて隣の欄間へとうねる、まことに見事な彫刻があります。

なぜ竜は、こんなにお寺の彫刻に採用されているのでしょうか。

『仏説無量寿経《ぶっせつむりょうじゅきょう》』には、法蔵菩薩《ほうぞうぼさつ》（のちの阿弥陀さま）が師匠である世自在王仏《せじざいおうぶつ》の前で四十八の大いなる願い（四十八願《しじゅうはちがん》）を建てた時、天《てん》人《にん》や梵天《ぼんてん》らとともに竜神《りゅうじん》も立ち会ったと述べられています。竜神は、お念仏のみ教えの出発点から、深い関わりを持っていた、というわけです。

竜神はまた、耆闍崛山《ぎしゃくっせん》での『仏説観無量寿経《ぶっせつかんむりょうじゅきょう》』の聴聞《ちょうもん》の場にも連なっています。竜神は、その説法を聞いて大いによろこび、うやうやしくお釈迦さまを礼拝《らいはい》して立ち去ったとあります。

親鸞聖人はご和讃《わさん》で、次のように詠《よ》んでおられます。

南無阿弥陀仏《なもあみだぶつ》をとなふれば
難陀《なんだ》・跋難大竜等《ばつなんだいりゅうとう》
無量の竜神尊敬《そんきょう》し
よるひるつねにまもるなり

（註釈版聖典五七五頁）

「難陀」「跋難」というのは、難陀竜王《なんだりゅうおう》・跋難陀竜王《ばつなんだりゅうおう》という兄弟の竜神の王です。親鸞聖人は、そんな竜神の代表選手の名を挙げつつ、はかり知れないほど多くの竜神がお念仏申す者を敬《うやま》い、昼夜を問わず常に護《まも》ってくださるのだよ、と詠んでおられるのです。竜神は『仏説無量寿経』や『仏説観無量寿経』

が説かれた場にいて、お念仏のみ教えをよろこんでいるから、念仏者を護ってくださるのでしょう。

お寺に竜の彫刻があるのは、このように、竜がお念仏と深い関わりを持ち、念仏者を護ってくださると認識されているためなのです。皆さんのお寺にも竜の彫刻があるかどうか、一度本堂をじっくりご覧になってはいかがでしょうか。

（山田雅教）

柿の木を見て思う

　ある日の昼間、遠方のご門徒さんがお寺を訪ねていらっしゃいました。ご丁寧に事前にご連絡をいただいた上での訪問でしたが、私がうっかり鍵《かぎ》を掛けたままにしていて、呼び鈴の音とともに「おーい」との声が…。慌《あわ》てて鍵を開けると、ご門徒さんのご夫妻がそれぞれ段ボール箱を抱《かか》えて立っていました。

　聞けば、ご自分のところで作った里芋と柿をお持ちいただいたようで、秋の味覚の到来に思わず笑顔で「有難《ありがた》く頂戴《ちょうだい》いたします」と頭を下げました。

お見送りに外へ出ると、奥様から「ご縁《えん》さんのところも沢山《たくさん》柿が生《な》ってますけど、本当に差し上げても良かったですか?」と声が掛かりました。庫裡《くり》の裏手に生《は》えている柿の木が目に入ったようで、その少なくない実りにこちらのお腹のご心配をいただいたようです。

「仰山《ぎょうさん》生《な》っとるけど、熟《じゅく》しても味も素《そ》っ気《け》もないいんやわ」と伝えると、旦那《だんな》さんが「あぁ、やで鳥も突《つつ》いてないいんやなぁ」と仰《おっしゃ》って、ひとしきり笑ってお別れしました。

秋になると、我が家の柿の木には小さくて丸い実が沢山なりますが、落ちる寸前のトロトロになった実を口にしても甘くも渋《しぶ》くもなく、鳥たちも山に食料がなくなる年の瀬になってようやく突《つつ》きに来る始末で、家族には鳥用の非常食と認識されています。

植物はその実を美味《おい》しくして動物に食されることで、種を遠方へと運んで貰《もら》おうとすると聞き及んだことがありますが、ウチの柿の木は非常食でも確実に食されるように進化したのでしょうか？

「渋柿の／渋がそのまま／甘さかな」という句を目にしたことがあります。煩悩《ぼんのう》を抱えたままの私を、そのまま抱き留めてくれる阿弥陀様のお心を表していると味わわせていただきました。

甘くも渋くもない柿は、煩悩を抱えていることに気付きながら、阿弥陀様にお縋《すが》りすることを厭《いと》う手前勝手な私の姿を表しているのだろうか…そんなことを思いました。

それでも阿弥陀様にとっては、そんな私たちも甘い甘い柿なのでしょうね。

（潤　信輔）

お浄土が近いのが嬉しい？

あるご門徒の女性が、かねてお聴聞《ちょうもん》を通じて知り合いの高齢の女性のもとを訪ねた時、「私、だんだん弱ってきてお別れが近いようです。でもお浄土が近いと思えば、有難《ありがた》いですわ」と言われたそうです。言われた彼女は、「私はとてもお浄土が近づくのが嬉しいとは思えませんが、それでいいのでしょうか？」と尋ねられました。

そんなお尋ねを聞いて、「この問いは親鸞聖人の門弟・唯円房《ゆいえんぼう》（の問い）と一緒だな」と思い、『歎異抄《たんにしょう》』九条の親鸞さまと唯円さんとの問答をざっとお話ししました。

「お念仏は称《とな》えておりますが躍《おど》り上がるほどの喜びが湧《わ》いてきません。また早くお浄土へ参りたいと思う心も起こりません。これは一体どう心得たらよいのでしょう?」と唯円房が親鸞さまに尋ねました。すると親鸞さまは「唯円房、私もかねてそんな疑問を抱《いだ》いていたのだが、あなたも同じなのですね」と言われ、「よくよく考えれば、天に踊り地に踊るほどに喜ばねばならないことを喜べないからこそ、いよいよお浄土に参らせていただくことは間違いないと思いましょう」と言われます。そして「遠い昔より今日まで迷い続けてきた苦悩多きこの娑婆《しゃば》はなかなか捨てきれず、まだ生まれたことのないお浄土が恋しいと思えないのは、よくよく煩悩《ぼんのう》の深い私だと思い知らされますが、この世の縁の尽きる時、間違いなくお浄土に参らせていただきます。急ぎ参りたき心のない私たちを特に阿弥陀様は憐《あわ》れんでくださるのです」と言われましたよ、と彼女と語り合いました。

この世の縁の尽きることをなかなか「嬉しい」とは思えませんが、「必ずあなたをお浄土に生まれさせるよ」とお働きくださる如来さまの願いが胸に届き、あの人は嬉しくなったのでしょう。障《さわ》り多く、愚痴《ぐち》多き日々が、二度と迷うことなき往生浄土の人生に転換されるのです。

「この世の縁の尽きるとき　如来の浄土に生まれては　さとりの智慧《ちえ》をいただいて　あるゆるいのちを救います」（浄土真宗の救いのよろこび）と示されています。

行き止まりの人生は空《むな》しいが、「限りなき真実の生命の大循環の仲間にさせていただく」往生浄土の道は有難く、嬉しいのですね。

（渡邊悌爾）

言葉となってくださった阿弥陀さま

こんな言葉に出会いました。「言葉を必要としないのが仏の世界・言葉を必要とするのが人間の世界・言葉が通じないのが地獄」。

どなたのお言葉なのか、いつ聞いたのか、はっきり覚えていなかったので、いろいろ調べてみました。どうも、お東（真宗大谷派）の曽我量深《そがりょうじん》先生のお言葉のようです。少し細《こま》かな表現は違いますが、ほぼ私の記憶で間違いはないようです。

仏さまの世界では言葉が必要じゃない。それは言葉にしなくても通じ合う、心と心で通じ合える世界だからなのでしょう。しかし私たち人間の世界は、黙っていてはなかなか伝わらない、どうしても言葉で表さないと通じ合わないのですね。今、改めて「挨拶《あいさつ》」って大事だなあと思います。「おはよう」と言えば「おはよう」と返ってくる・「暑いですねえ」と言えば「暑いですねえ」と返ってくる。同じ思いが通じ合う・人と人との繋《つな》がりを感じる。挨拶っていいなあ、言葉って大事だなと思いました。

そして、こんなことも思いました。阿弥陀さまは色も形もない願いとハタラキそのもののお方ですが、それでは私たちは受け止めたり身近に感じたりすることはできません。だから阿弥陀さまは「南無阿弥陀仏・なんまんだぶつ」という言葉になってくださったのですね。「あなたを救います・あなたを仏さまにならせましょう」という願いとハタラキが「南無阿弥陀仏」という言葉になって私に呼びかけていてくださるのですね！「おはよう」と声をかけられたら、「おはよう」と返すように、「なんまんだぶつ」と届いたら、「なんまんだぶつ」とお返事する時、阿弥陀さまと私の心が通じ合い・阿弥陀さまと私が繋がっているのですね。

「暑いですね」と声をかけても無視される・あるいは「夏やからなあ」と返される・言葉が通い合わない・言葉が通じない時、そこには地獄の世界があるのかも知れませんね。

今日も阿弥陀さまと心通わせ、阿弥陀さまと繋がり合う「なんまんだぶつ」を聞きながら、称《とな》えながら、お念仏の生活を送らせていただきましょう。「なんまんだぶ」「なんまんだぶつ」。

（内田正祥）

お念仏の相続

みなさんは、ご法縁《ほうえん》の際の作法や「こうしなさい」といったあれこれを、どのようにしてお知りになりましたか？　焼香の仕方などは、いわゆる「マナー本」などにも昔から載っていますから、宗派による多少の作法の違いはあれど、葬儀の場でもなんとなく失礼のない程度には焼香することができます。しかし例えば、御文章《ごぶんしょう》をいただくとき、頭を下げて聴かせていただくことなどは、残念ながらそもそも、「御文章をいただく時の作法を調べよう」などと考えることもないのではないでしょうか。

これらの作法がこれまできちんと繋《つな》がってきたのはなぜでしょう？　どうやってみなさんが知り、伝わってきたのでしょうか？　それは、おそらく、お家の方々はもちろんのこと、親戚、組などのお寺の組織の方々を通じて作法が繋がってきたんだと思います。みなさんとともに儀式を進め、みなさんとともにお勤め、その中で、真似したり、教えてもらったりして伝わってきたのでしょう。振り返ると、私自身も、例えば「ご門徒の方が往生されたとき、それを寺やほかの門徒にどのように触れ回るの

か」など、得度《とくど》など本山で教えてもらうものではなく、実際に法要を勤めて初めて知ることがたくさんありました。

私のお寺のご門徒の方々は、香炉に火のついた線香を寝かせた後、それが燃え繋がるよう、三角形などの形に組んだりします。おそらく粉のお香を一列に並べ繋げて焚《た》いた「燃香《ねんこう》」に由来するのではないかと想像します。「線香を寝かせる」ことは、お経本の後ろの方などに載っていたりしますが、三角に組むなどといったことは、ちゃんと伝えなければ伝わっていないことでしょう。

「家族葬」の増加やコロナ禍での人数制限などで、だんだん法要が「個別少人数化」になっていく中、最近そういった作法などの継承が難しくなってきているように感じます。みなさんのまわりはいかがでしょうか？　作法など形式的な部分だけでなく、そもそものお念仏相続さえも危《あや》うくなっていませんでしょうか？　どうかお念仏が未来にも響きますように。


（中澤見真）

久遠の仏

先日、二年ぶりとなる念仏奉仕団に行ってまいりました。以前のようにはなかなかいかないようでしたが、参加された方には有意義な奉仕団となったことでしょう。また、今回は二十回の表彰をされた方がおられ、歓声があがっておりました。皆さんも、ぜひ目指していただきたいと思います。

今回の奉仕団では、少し変わった法要に参拝させていただきました。「亀山《かめやま》天皇聖忌法要《てんのうせいきほうよう》」という法要です。亀山天皇は鎌倉時代の人物で、本山に「久遠《くおん》実成《じつじょう》阿弥陀本願寺」という寺号を下賜《かし》され、それ以降、本山が本願寺と名乗るきっかけとなる方と伝えられます。その感謝を込めてのお参りが、今回の亀山天皇聖忌でした。

「久遠実成」とは、はるか昔に仏となられたという意味です。昔に仏になられて以後、多くの人々を浄土に導いてくださっている阿弥陀さまに、その当時の鎌倉時代だけでなく、先の未来の人々も導いておくれよ、という天皇の思いだと感じます。

コロナ禍といわれ始めるときによく言われた、当たり前でなかったという言葉が表す通り、この世の中は絶えず変化します。その中でも変わらないのは、阿弥陀さまのお浄土に誰もが導かれるお力です。これは、いつの時代も変わりません。そんな、変わらないお力をたよりに生きていくことが大切なのです。
奉仕団で、古いお堂の柱の年輪には昔からお念仏の声が詰まっている、とお話がありました。またこのような機会がありしたら、ぜひとも奉仕団に参加してみて、そのことを感じていただけたらと思います。

（山田教史）

非常ベル

令和も五年目に入り、今年も何とか無事に御正忌報恩講《ごしょうきほうおんこう》法要をお勤めさせていただくことができました。年末からの行事ごとが一段落して、ようやく新たな年が始まった…という実感が湧《わ》いてきました。本年も、どうか宜しくお願い致します。

新年の挨拶《あいさつ》をしましたが、話は昨年の十二月のことです。ある日の明け方、熟睡《じゅくすい》していた私の耳を打つけたたましいベルの音が鳴り響きました。

飛び起きて確認すると、火災報知器が書院の異変を知らせています。懐中電灯を片手に書院に急行し隈《くま》なく調べましたが、見たところ火事ではなさそうです。最後には梯子《はしご》まで持ち出して、天井裏まで確認しましたが異変は見つかりませんでした。検知器の誤作動だろうと結論付けて、原状復帰のボタンを押してもう一度布団へ戻りました。

一週間ほど経って、お参りから帰宅して火災報知器の横を通りかかった瞬間、またしても非常ベルが…。突然の出来事に飛び上がって驚きました。今回も、隈なく確認しましたが異変はなく、やはり誤作動のよう

でした。

原状復帰ボタンを押しながら、早鐘《はやがね》のように打つ心臓をなだめるため、大きく息を吐きました。その瞬間にまた非常ベルが…。一瞬頭が真っ白になって硬直してしまいました。

非常ベルの音は、人を驚かせ落ち着かない気持ちにさせるようにできている…と聞いたことがあります。耳にしたその瞬間、固まってしまう人は多いでしょうが、本来は非常時に速《すみ》やかな行動を促《うなが》すためのモノなのでしょう。

私たちがいただいているいのちの時間は、いつ終わりを迎えるのかは分かりません。そのことを忘れ、明日が来ることを疑わずにいるこの私に、阿弥陀様は「お前は本当にそれで良いのか?」といつも呼びかけてくださっています。

私の耳には、いつも阿弥陀様からの非常ベルが鳴り響いているのでしょう。気付かぬままに日々を送る私を、決して諦《あきら》めることなく呼びかけ続けていただいていることへのありがたさと自身の情けなさに、只々《ただただ》頭を下げることしかできない私でした。

火災報知器の誤作動から、そんな風に思わせていただいた年の瀬でした。

（潤　信輔）

寺が第三の居場所に！

　昨今の悲惨な事件を目にする度に、何故こんな不幸な事件を起こすのかと心が痛みます。経済的にも家庭的にも恵まれて何不自由なく生活しているのに、その原因はどこにあるのでしょうか？　名声や財産もあり、両親もいて立派な家に住み、才能にも恵まれているのに残念です。

　当事者にはおカネでは買えない、自分の思い通りにならない苦悩、満たされない欲望があったのでしょうか？

　近年は家族の形態も多種多様化して、核家族が縮小し、ひとり親、共働きの家庭が増えています。

地方都市や過疎地では、高齢世帯が増加し、独居老人と施設入居の高齢者で、空き家が増えています。耕作地は手入れする人がいなくて荒れ放題。野生動物の独壇場になりつつあります。

このように家族の形態が目まぐるしく変わりつつある現在、新たな居場所作りが必要となってきました。

家庭を第一の居場所、学校や職場を第二の居場所とするならば、第三の心の居場所が必要ではないでしょうか？

ひとり親家庭で育つ子供が、学校でも仲間外れにされて不登校になり、近所の駄菓子屋さんで自由に過ごせるスペースを見つけてイキイキしてきた例があります。また都会で子育てをしながら働くシングルマザーが、子育てを支え合う「拡張家族」を作り、互いに助け合いながら安心して暮らす例もあります。介護が必要な高齢者や独居老人を、ご近所さんが互いに支え合う協力体制も生まれつつあります。

今、地域でも悩《なや》みを抱《かか》えた人が孤立せずに、お互いに遠慮せずに『つながり』を築いていく「第三の居場所」作りが求められています。

寺こそ第三の居場所として相応《ふさわ》しく、名乗りを上げたいと思います。これからも地縁や寺の枠を超えて、気軽に立ち寄れる寺になりたいと思います。子供の声が聞こえる寺、何でも気軽に悩み相談でき、安心を与えられる寺になれるように精進《しょうじん》します。

（渡邉充子）

闘病

　先日とあるドラマを見ていると、闘病という言葉について話すシーンがありました。

「『闘病』、何故『闘う』なのか。芸能人が闘病の末、負けて、亡くなったという言葉を聞くことがあるが、人は病気に負けて死んでしまうのだろうか？もし、勝ち負けがあるとするのなら、それは現段階での医療が負けたということではないか。その人が病気に負けて死んでしまうんじゃないと僕は思う」

とそのドラマの主人公は言っていました。なるほどな、と思い聞いていました。

闘病という言葉は本やテレビにおいて使われることが多いように感じます。その方が注目してもらえるからでしょうか？　また、その結果においても勝った、負けた、わかりやすい方が好まれるように思います。白か黒かのようにはっきりしているとわかりやすく、納得しやすく、受け入れてもらえるからじゃないでしょうか？

しかし、よくわかりもせず、白黒どっちか決めたり、答えだけを求めていくのは、時にもったいないことをしているかもしれません。何故そうなったのか？　その過程であったり、それに至った思いを想像したり、考えることって大事ですよね。人の気持ちを理解することは難しいです。でも、わからないか

ら考えなくていいとも思いません。わかるか、わからないかではなく、想像して、考えることが大切なんじゃないでしょうか。

仏教もわからないから聞かない、必要ない、ではないんじゃないでしょうか？　阿弥陀如来という仏さまのお救いや、はたらきはすぐには理解できなくとも、阿弥陀さまが私を必ず救うと願い、はたらきかけてくださっている思いや成り立ちを聞いていくことは今の私にもできます。自分の利益や自分にとって都合のいいことばかりを求めて生きると、周りの人のことを想像したり、考えていくことを疎《おろそ》かにしてしまいがちです。コロナ禍が続き、人と会う機会が制限されている中だと、よりそのことを感じずにはいられません。

（内田正海）

夢の中の父

あるご門徒さんからいただいたお話です。

その日はお父さんの十三回忌のお勤めでした。お勤めが終わり、法話をお聴きいただいたあと、こうお話を始められました。

「実は、今朝、夢に父と母が出てきたんです。ダイニングで、エプロン姿の母と油まみれの作業着を着た父でした。姉や妹もいて、一家団欒《だんらん》、楽しく話している、毎日見ていたいつもの光景でした。

夢の中での前後の会話は全然憶《おぼ》えていないんですが、その中で私自身が『今

日はお父さんの十三回忌のお参りやからね』と言ったんです。その次の瞬間、まだ夢の中なんですがハッと『父はもういないんだ』ということに気がついて、夢の中で悲しくて涙を流したんです」。

そこまで聴いた私は、「夢の中で会えてうれしかった」とか「法事を機にお父さんが降りてきた」などといった話なのかなと思っていました。

ところが、そうではありませんでした。続きです。

「その時、まだ夢の中なんですが、いずれ私たちも往生し、同じお浄土へ行かせていただけて、いま見ている『一家団欒』がひょっとしたら、また実現できるのかも、そう思ったとき、悲しい涙がうれしい涙に変わったんですね。その直後に目が覚めたんです」。

このお話を聴いて、私はすごくうれしくなりました。まさに「倶会一処《くえいっしょ》」の言葉そのものです。そして、この方が「夢の中で」そこまで思えたことに、阿弥陀さまのお心を深く深くいただいていらっしゃるのだなと感じさせていただきました。お浄土でまた再び会える喜びをいただけるのは、いま生きている私たち自身です。ぜひ、生きているいま、遇《あ》わせていただきましょう。

（中澤見真）

真実はいつも一つ！

劇場版「名探偵コナン」は、最新作「黒鉄《くろがね》の魚影《サブマリン》」で二十六作となる、超ヒットアニメですね。そのオープニングでは、いつも江戸川コナンがこう言っています。

真実はいつも一つ。

ところが、これと真反対のことを言うドラマがあります。菅田将暉《すだまさき》さん演じる久能整《くのうととのう》が主人公の「ミステリと言う勿れ《なかれ》」です。この中で、久能整はこう話すのです。

真実は人の数だけあるんですよ。でも、事実は一つです。

同じようなことを「99・9——刑事専門弁護士——」の中で、松本潤さんが演じた深山大翔《みやまひろと》弁護士が言っていました。

真実は一つとは限らないけど、事実は一つ。

さて、真実は一つなのか、それともたくさんあるのか。どちらが正しいのでしょうか。皆さんはどう思われますか。

これは、要は「真実」という言葉の定義をどう考えるのか、ということなのでしょう。

「真実はたくさんある」というのは、その人が感じ、信じたことが〝真実〟である、という意味合いで使っているのでしょう。ある一つの事実を前にしても、感じ方は人それぞれ。その人にとっての〝真実〟ということですね。それなら、人の数だけあって当然です。

でも、この定義はどうなのでしょうね。「真実」というのは、いついかなる時代・場所であっても、決して変わることのない真理、というのが本来の意味なのではないでしょうか。私は、「名探偵コナン」に軍配を上げたいと思います。

ドラマついでに、長澤まさみさんが主演した「コンフィデンスマンJP」も見てみましょうか。こんなナレーションから始まりました。

目に見えるものが真実とは限らない。

私たちは、自分は正しくものを見ているつもりになっています。ところが、そうではないのだよ、とお釈迦さまはお示しです。私たちは、色メガネを通してしか、ものを見ることができ

ないのです。だから、〝真実〟がたくさんある、となってしまうのです。

仏さまのまなざしは、ウソかホントかを正しく分別《ふんべつ》してくださいます。仏法を聴聞《ちょうもん》する中で、本当の意味での「真実」＝まことの世界に、目を向けさせていただきましょう。

（山田雅教）

煙草とお参り

葉桜の頃になっても、寒暖の差が激しい日が続いています。夏のように汗ばむ日があったかと思えば、冬のような寒い日もあって、体調管理に気を使う毎日を送っています。

先日もお寺の本堂で会議があったのですが、風の強い肌寒い日でしたので、残っていたストーブを出して皆さんをお迎えしました。「暑ければストーブ消しますので、仰《おっしゃ》ってくださいね」とお伝えしましたが、快適にお過ごしいただけたようで、コチラとしても残っていた灯油を消費できて有難《ありがた》い思いでした。

さて、その会議でのこと。三重組《みえそ》の教化団体主催で行われる研修会についての役員会だったのですが、役割分担を決めたり研修内容を精査したりと結構な時間が掛かりました。

話し合いが一段落着いた頃、ある役員さんから「外で煙草吸ってこようと思うんで、灰皿貸してもらえませんか?」と声が掛かりました。最近吸われる方が少なくなっていたので準備をしておらず、慌てて用意して本堂の端の方を使っていただきました。「この頃、喫煙する人が少なくなって、肩身が狭いですわぁ」と苦笑交《ま》じりに煙をくゆらせてお

られるその姿に、「お寺も毎日、煙っとるんやけどなぁ」と声を掛けてお互い笑い合いました。

会議が終わり、役員さん方をお見送りしてから本堂を片付けていると、フワリと煙草の残り香がしました。子どもの頃は沢山の方が煙草を吸われていて、お参りの際には本堂が白く煙っていたなぁ…と思い出し、懐《なつ》かしさを覚えました。

本堂で法要が勤まると、いつも煙草の香りがしていました。父親のお勤めする声と煙草の香りは、幼い私が仏様に手を合わせる場面として記憶されています。父が身体を悪くして煙草を吸わなくなり記憶は薄れていましたが、残り香とともに思い出された父の姿は…〝恰好《かっこう》よかったなぁ〟と呟《つぶや》いて片付けを終えました。

世間的に肩身の狭い煙草ですが、〝悪いだけではないよなぁ〟と思った、肌寒いけれど思い出に心温まる日でした。

（潤　信輔）

内願法名の帰敬式

先日、首都圏に住むご門徒さんから電話があり、「近く、本願寺で帰敬式《ききょうしき》を受けます。その際、法名《ほうみょう》を内願《ないがん》の法名としていただきたいので、ご住職さんの署名と認め印を戴きたいのですが……」という話です。

昨年お母さんが亡くなり、お父さんは彼が小学生の頃に亡くなっておられます。母親の一周忌を勤めて、続いて父親の四十三回忌をそれぞれ丁寧にお勤めくださった彼は、その都度四日市《よっかいち》の母亡き実家に戻り、親せきの人たちを招いて法要を勤められました。つつましく母の手一つで育てられ、今では東京の某有名大学の教授を務める身ですが、関西に出張する機会に度々本願寺にもお参りするうちに、「自分も早い機会に、仏教徒の証《あかし》として帰敬式を受けたい」と考えたのです。そして、本願寺のホームページから申請用紙をダウンロードして持参された用紙には亡き父上様の名前の一字を入れた内願の法名が記入されてありました。

「これは有難《ありがた》いことですね。亡きお父さんもお母さんもきっとお浄土からお喜びくださっているでしょう。住職としてこんな嬉しいことはありません」と署名、捺印させていただきました。彼は「今まで、苦労して育ててくれた母に何も孝行らしいことなどできませんでした。ましてや早く亡くなった父にも

……」と言葉を詰まらせました。両親のことを振り返り、言葉にならぬ思いが込み上げてきたのでしょう。

彼の光る眼の中にかすかにこぼれる涙は、亡きお母さんの涙、お父さんの涙、そして一切衆生《いっさいしゅじょう》に向けて働き続けてくださってある大慈大悲《だいじだいひ》のみ仏さまの催《もよお》された涙ですね。

四日市で一人暮らしの母親の様子を東京からモニターでずっと見守り続けていたものの、母の身の急変に気づかず、思いがけなくも母親は往生の素懐《そかい》を遂げられました。彼は、この諸行無常《しょぎょうむじょう》の理《ことわり》を、我が事と感じ取り、早く自分自身の後生《ごしょう》の一大事を解決せねばならぬと帰敬式を受けることを思い立ったのです。私も心打たれ、日々後生の一大事を心にかけて油断なくお浄土に至る人生を歩まねばならぬと思うのです。

（渡邉悌爾）

お念仏が「愛しているよ」と聞こえる

ある青年がこんな話をしてくれました。彼は少しずつ視野が欠けていく治療方法がない難病で、今では、暗い所では歩くことも不安で、小さな文字は読むことができない状態でした。

彼にはお付き合いをしている彼女がいました。結婚したいと思っています。でも自分の目のことを考えるとプロポーズできずにいました。ある日、思い切って自分の目がほとんど見えないこと、やがて見えなくなってしまうこと、車の運転などできないことを話しました。だからプロポーズしたいけど、今までできなかった、と彼女への思いを話しました。

そんな彼に彼女は「あなたの目が見えないのなら、私があなたの目になるから大丈夫。あなたが車を運転できないなら、私は運転免許持ってるから、私が運転して、どこへでもあなたを乗せて行ってあげるよ！　だから心配しないで！　愛してるよ♡」と、言ってくれたそうです。

彼女の言葉には、彼に寄り添い続ける覚悟と、彼の人生をサポートできる自信が籠《こも》っているように思いました。それが彼女の言う「愛してるよ♡」という言葉の意味なのだと思えてなりませんでした。

なぜか、私の脳裏《のうり》に、このご和讃《わさん》さんが浮かんできました。

無明《むみょう》長夜《じょうや》の灯炬《とうこ》なり
智眼《ちげん》くらしとかなしむな
生死《しょうじ》大海《だいかい》の船筏《せんばつ》なり
罪障《ざいしょう》おもしとなげかざれ

阿弥陀さまは呼びかけてくださいます。「あなたが闇に閉ざされて本当のことが見えないと悲しむなら、私が松明《たいまつ》を掲《かか》げて闇を破り、本当の世界を見せてあげましょう。だから大丈夫ですよ」「あなたが迷いの海を自分の力で渡り、悟りの世界・お浄土へと至る能力もないと嘆くのなら、私が船となり必ずお浄土まで乗せて渡し遂げましょう。だから大丈夫ですよ」『あなたを愛しているよ』と。阿弥陀さまの私を救う覚悟と自信に満ちた「南無阿弥陀仏」のお念仏が「愛しているよ」と聞こえてまいります。

（内田正祥）

あとがき

一九八三年十月三十一日に「一縁会テレホン法話」は産声を上げました。言うなれば十月三十一日は「一縁会テレホン法話」の誕生日です。

今年十月三十一日で満四十歳を迎えました。開設当初は西勝寺さん、真楽寺さん、善正寺さん、暁覚寺さん、正覚寺の五ヶ寺の住職が一週間交代で法話を担当し放送してきました。

歳月を重ねる中で、開設時からのメンバーの西勝寺・山田教尚さん、真楽寺・潤信澄さんが往生され、今年、暁覚寺・中澤見恵さんが往生されました。しかし、坊守さんや若院さん方が加わってくださり一縁会の構成メンバーは増えました。「諸行無常」の理《ことわり》を感じずにはいられません。減っていくだけが諸行無常なのではなく増えることも諸行無常という変化の相《すがた》なのでありました。

今、四十年を振り返って思うことは、メンバーが変化しても「阿弥陀さまのお救いを伝えたい」「お念仏を喜び合いたい」「浄土真宗のみ教えを聞いて欲しい」という思いだけは変わることなく受け継がれてきたからこそ今があるのだと思います。

そして、「継続は力なり」という言葉があるように、続けるということが力となり継続へと繋がってきたのでした。この力は一縁会テレホン法話をお聞きくださる皆さん方が与えてくれた大きなお力でありました。四十年間、本当に有り難うございました。

最後になりましたが、大きな節目となる第二十集目のテレホン法話集の出版を快くお引き受け下さり細やかな配慮をいただきました自照社の鹿苑誓史様に心より感謝申し上げます。

〈追　記〉

今回の法話集の表紙絵・挿絵（カット）は正覚寺新坊守・内田徳子さんが描いてくださいました。ありがとうございました。

正覚寺前住　内田正祥

著者紹介

中澤見真《なかざわ　けんしん》
一九七六（昭和五一）年生まれ　暁覚寺衆徒

山田雅教《やまだ　まさのり》
一九六〇（昭和三五）年生まれ　西勝寺住職

澗信輔《たに　しんすけ》
一九七四（昭和四九）年生まれ　真楽寺衆徒

渡邉悌爾《わたなべ　ていじ》
一九四五（昭和二〇）年生まれ　善正寺住職

内田正祥《うちだ　しょうしょう》
一九五七（昭和三二）年生まれ　正覚寺前住職

山田教史《やまだ　のりふみ》
一九九二（平成四）年生まれ　西勝寺副住職

渡邉潤爾《わたなべ　じゅんじ》
一九七七（昭和五二）年生まれ　善正寺衆徒

内田正海《うちだ　まさうみ》
一九八三（昭和五八）年生まれ　正覚寺住職

山田容子《やまだ　ようこ》
一九六三（昭和三八）年生まれ　西勝寺坊守

渡邉充子《わたなべ　みつこ》
一九四九（昭和二四）年生まれ　善正寺坊守

● 一縁会事務所 ●

三重県四日市市中川原１丁目13-5
電話（059）352-4043

テレフォン法話（059）354-1454

一縁会テレフォン法話集
お念仏が「愛しているよ」と聞こえる
2023年12月26日　第１刷発行

編　者　一　縁　会
発行者　鹿　苑　誓　史
発行所　合同会社 自照社
〒520-0112 滋賀県大津市日吉台4-3-7
tel：077-507-8209 fax：077-507-9926
hp：https://jishosha.shop-pro.jp
印　刷　亜細亜印刷株式会社

ISBN978-4-910494-28-9

自照社の本

一縁会テレフォン法話集
阿弥陀さまの〝おはからい〟
一縁会 編
生かされ、はからわれて生きていることへの〈気づき〉と〈よろこび〉を日常のできごとからやさしく語るひと口法話30篇。
Ｂ６・112頁
800円＋税

なぜ？ どうして？ 浄土真宗の教学相談
赤井智顕
「お念仏は亡くなった人のため？」など真宗についての12の質問を通して、そのみ教えやおつとめの意味・特徴を学ぶ。
Ｂ６・64頁
750円＋税

自己を知り、大悲を知る
海谷則之
折々の出来事を通していのちのありようを考える寺報法話30篇。親鸞聖人のみ跡を慕う著者70歳代の学びと思索の記録。
四六・136頁
1000円＋税

自《じ》然《ねん》の声に聞く 1・2・続・4
大田利生
草花を見つめ、虫の音に耳を傾ける中で、自他の執らわれを離れわが身のまことのありように気づかされてゆく掌編随想集。
Ｂ６・各28～36頁
各150円＋税

親鸞聖人御誕生八百五十年・立教開宗八百年慶讃
親鸞聖人の一生
発行：築地本願寺、発売：自照社
今井雅晴
人々とともにお念仏に生き、今も人を導き続ける親鸞聖人。出会いと別れ、苦悩、葛藤、喜びに彩られた90年の生涯を偲ぶ。
Ｂ６・244頁
2000円＋税